Maria Hopp

Dem Himmel ein Stück näher

Maria Hopp

Dem Himmel ein Stück näher

Ägyptische Klöster in der Tradition der Wüstenväter

Vier-Türme-Verlag

Bibliographische Information der Deutschen Nationalbibliothek
Die Deutsche Nationalbibliothek verzeichnet diese Publikation in der Deutschen Nationalbibliographie. Detaillierte bibliographische Daten sind im Internet über http://dnb.d-nb.de abrufbar.

Ohne Folie
Für unsere Umwelt

1. Auflage 2022

Die Sprüche der Wüstenväter sind zitiert aus: Bonifaz Miller (Hg.), Weisung der Väter, Apophthegmata Patrum (Sophia, Band 6), Trier 2009. Verlag und Autorin danken dem Paulinus-Verlag für die freundliche Abdruckgenehmigung. Siehe auch den Hinweis auf der letzten Seite dieses Buches.

Fotos: Maria Hopp
Coverfoto: Antonius-Kloster, Foto Maria Hopp
Illustration Flechtbandkreuz: Franz Grundler
Gestaltung: Dr. Matthias E. Gahr
ISBN 978-3-89680-615-4
www.vier-tuerme-verlag.de

Inhalt

ΜΗ
ΘΥ

Vorwort

Eine Liebeserklärung an Ägypten

Maria Hopp

Denkt man an Ägypten, dann sieht man eindrucksvolle Bilder der imposanten Pyramiden und sagenhaften Schätze der großartigen Epoche der Pharaonen vor dem geistigen Auge. Doch in Ägypten gibt es sehr viel mehr zu entdecken. Überall im Land gibt es großartige Zeugnisse des Urchristentums, das um das Jahr 50 herum durch den Hl. Evangelisten Markus nach Ägypten gelangte. Markus wurde vom Hl. Apostel Petrus nach Ägypten gesandt, um dort das Evangelium zu verkünden. Und das Land war bereit für den neuen Glauben an Jesus Christus. Denn ganz Ägypten war bis zur islamischen Eroberung durch die Araber um 640 christlich.

Viele Ereignisse in der Bibel im Alten Testaments fanden in Ägypten statt. Insbesondere fand die Hl. Familie auf ihrer Flucht vor Herodes dort über dreieinhalb Jahre lang Asyl. Sämtliche Stationen ihrer Reise – durch dieses von der Sonne geküsste und lichtdurchflutete Land – sind bis heute bekannt und erhalten. Sie gelten als Wallfahrtsorte und werden von koptischen Christen besucht. Die derzeitige Regierung Ägyptens unter Präsident Abdel Fattah El-Sisi ist gerade dabei, diese Orte und die dort erbauten Koptischen Klöster und Heiligtümer für den Tourismus zugänglich zu machen. Ägypten gilt für viele Menschen als das zweitbedeutendste Heilige Land nach Israel.

◀ Die Hl. Jungfrau Maria mit dem Jesuskind in koptischer Ikonographie, Fresko im Antonius-Kloster

Obwohl ich Ägypten bereits von vielen Reisen zuvor in seiner pharaonischen Anziehungskraft und Faszination kennenlernen durfte, war es doch so, als hätte ich es in seiner wahren christlichen Schönheit nie wahrhaftig erkannt. So erlebte ich im Jahr 2017 ein komplett anderes Ägypten als ich es je zu träumen vermocht habe.

Heute weiß ich, es war eine glückliche Fügung und ein Teil meines Schicksals, dass ich mich rein zufällig auf einer Pilgerreise mit S. E. Bischof Anba Damian, dem Koptisch-Orthodoxen Diözesanbischof von Norddeutschland, befand. Bis dato hatte ich keine Ahnung über das christliche Erbe Ägyptens. Auf einmal fielen mir die vielen Kirchtürme ins Auge, die mir bisher nicht aufgefallen waren. Überwältigt war ich von den Klöstern, deren Ursprünge bis ins Jahr 350 n.Chr. reichen. Auf dieser Reise – die mein bisheriges geistiges Innenleben auf den Kopf stellte – kam ich in Kontakt mit vielen Mönchen, die mich tief in meinem Herzen und meiner Seele beeindruckten und berührten. Sie strahlten solch eine unglaublich tiefgründige Spiritualität, Freundlichkeit und Gelassenheit aus, was man im Abendland oftmals vergebens zu suchen scheint.

Seither sind alle diese Orte, wie ich sie hier in meinem Buch vorstelle, meine ganz persönliche Kraftquelle, um wieder neue Energie für das Leben aufzutanken. Und dies gilt nicht nur für mich. Koptisch-orthodoxe Christen pilgern mit Bussen oder privat mehrmals im Jahr zu diesen Klöstern, um zu beten und sich segnen zu lassen.

Viele weitere Ägypten-Reisen folgten, auf denen ich stets inspirierende Unterweisungen von spirituellen Meistern erfahren durfte. So entfaltete sich auch bei mir die östliche Spiritualität und ich wurde Mitglied der Koptisch-Orthodoxen Kirche in Deutschland. Heute ist für mich vor allem das Koptische Kloster in Brenkhausen mein Kraftort in Deutschland. Insbesondere ist hierbei die charismatische Persönlichkeit des Oberhaupts des Klosters, S. E. Bischof Anba Damian, für mich eine spirituelle Kraftquelle.

Dieses Buch ist all meinen geistigen Lehrern und Vorbildern, den Vätern und Mönchen der ägyptischen Wüste gewidmet.

Mein allergrößter Dank gilt aber meinem geistigen Meister hier in Deutschland, S. E. Bischof Anba Damian, der mir die Wege geebnet hat, um diese Begegnungen erst möglich zu machen und mir stets ein freundschaftlicher und wegweisender Begleiter ist.

In Liebe und Dankbarkeit
Maria Hopp

Vater Luke und Maria Hopp im Antonius-Kloster.

Grußwort

Ein Leben als Mönch

S. E. Bischof Anba Damian
Koptisch-Orthodoxer Diözesanbischof von Norddeutschland

Ein Mönch, der sich entscheidet in die Wüste zu gehen, gibt gemäß seiner väterlichen Vorbilder sein Hab und Gut in Gottes Hand, für ein Leben in Askese. Er trennt sich von allen weltlichen Besitztümern. Die meisten haben in ihrem vorherigen Leben eine universitäre oder handwerkliche Ausbildung abgeschlossen und einen angesehenen Stand in der Gesellschaft genossen.

»Geh hin, verkaufe alles, was du hast, und gib's den Armen, so wirst du einen Schatz im Himmel haben, und dann komm und folge mir nach!« (Mk 10,21).

Bereits im frühen Kindesalter werden Kopten durch die regelmäßigen Besuche der Kirche und der Sonntagsschule entscheidend geprägt. Neben der Liturgie, den Gebeten, Hymnen und Gottesdiensten ist das Fasten – an über 200 Tagen im Jahr (die Kopten fasten jeden Mittwoch, Freitag und Sonntag neun Stunden vor jedem Abendmahl sowie zu bestimmten Zeiten nach dem koptischen Kalender. Erst nach den mehreren Gottesdiensten bricht die Gemeinde gemeinsam das Fasten und verzehrt ausschließlich vegane Speisen) – das nicht als Verzicht, sondern vielmehr als Kraftquelle für Spiritualität und somit als wichtige Säule der Koptisch-Orthodoxen Kirche zu verstehen.

Viele ägyptische Jungen träumen von einem Leben mit Gott, abseits der weltlichen Versuchungen. Jedoch dürfen sie erst dem Ruf Gottes folgen und ihre wahre Berufung leben, wenn sie mit beiden Beinen fest im Leben stehen und sich auch selbst finanziell versorgen können. Dann trennen sie sich von allem materiellen Ballast und befreien sich von allen Ersparnissen.

◀ S. E. Bischof Anba Damian in der Wüste Ägyptens vor dem Paulus-Kloster.

Als ich mit 37 Jahren mein Leben ganz allein Gott und dessen Gnade widmen konnte, unterwies mich der damalige Abt des Bischoy-Klosters Sarabamoun in den Hymnen und zeigte mir, wie man als Mönch lebt. Ich verinnerlichte täglich die koptisch-orthodoxen Stundengebete, der »Agpeya« und assistierte Abuna Achnuch als gelernter Arzt und Radiologe in der Physiotherapie. Nach fünfzig Tagen kam der damalige koptisch-orthodoxe Papst, S.H. Papst Schenouda III., und nahm mich als Novize in Probezeit in die klösterliche Gemeinschaft auf.

Besonders beeindruckt hat mich ein Artikel, den ich ins Deutsche übersetzen sollte, indem es insbesondere um die Aufnahme der Hl. Familie in Ägypten ging, die Gründung der Koptischen Kirche durch den Hl. Apostel Markus und deren Rolle als »Märtyrer«-Kirche (bis in die heutige Zeit), doch vor allem der Ursprung des mönchischen Lebens in Ägypten.

Ich lernte schnell, dass wenn dich der Segen Gottes begleitet, du ein Leben in Zufriedenheit und Gelassenheit leben kannst, egal welche Bürden, dir auferlegt werden oder welches Kreuz du zu tragen hast. Wenn du in deinem Herzen Liebe und Frieden pflanzt und diese Samenkörner in die Welt trägst, wirst du von der Welt respektiert und geliebt. Später wurde ich zum Mönch, dann zum Priester und schließlich zum Bischof geweiht.

Noch heute erfahre ich bei meinen Besuchen in Ägypten die besondere Atmosphäre der Wüste, die Besinnung im Gebet und die Spiritualität der klösterlichen Gemeinschaft meiner koptischen Brüder und Väter. Während des Singens der Hymnen mit den Mönchen in einem koptischen Kloster der Wüste Ägyptens wird man gewissermaßen in den Himmel versetzt. Erst durch diese rhythmischen Gesänge und stundenlangen Gebete versteht man, was es bedeutet, die Nähe Gottes erfahren zu dürfen.

Tatsächlich wird ein Mönch hauptsächlich als jemand definiert, der von himmlischen, spirituellen und reinen Gedanken geprägt ist. Die Reinheit der Gedanken unterscheidet Mönche zumeist von den »weltlichen Menschen«.

So ähnelt beispielsweise die Kopfbedeckung der Mönche, auch »kalaswa« genannt, der des Hl. Antonius. Dieser wurde in der Wüste von Dämonen geplagt und hielt allen teuflischen Angriffen und irdischen Versuchungen stand. Er ließ seine Kopfbedeckung nicht los und blieb seinem Glauben treu, sodass sie schließlich genau in der Mitte entzweit wurde. Der Hl. Antonius nähte sie wieder zusammen. Die Mittelnaht erinnert daran, dass ein Mönch stets mit Anfeindungen zu rechnen hat und er stark und standhaft bleiben muss. Auf beiden Seiten sind je sechs Kreuze angebracht, die die zwölf Apostel symbolisieren. Das einzelne große Kreuz auf der Rückseite steht für Jesus Christus.

In einem koptisch-orthodoxen Kloster trennen wir uns von materiellen Themen und beschäftigen uns mit dem einzigen, himmlischen Gott. Wenn man immer nach oben auf Gott schaut und dessen Licht erstrahlen sieht, hat dies auch Auswirkung auf die Ausstrahlung der Mönche, die fernab von irdischen Sorgen in Askese leben.

Allein der Anblick auf friedvolle, charismatische Gesichter berührt die Menschen. So oft es uns möglich ist, machen wir von Deutschland aus Pilgerreisen zu den Klöstern in die westliche und östliche Wüste Ägyptens. Die Begegnung mit den Mönchen und Nonnen geben uns stets sehr viel Freude, Kraft, Frieden und Hoffnung.

Das Buch von Maria Hopp ist als ein Zeugnis unserer zahlreichen Ägyptenbesuchen entstanden und als ein Schatz aus ihren eigenen Erfahrung und persönlichen Erlebnissen anzusehen. Sie möchte die Leser in das Mönchsparadies versetzten und sie durch die Weisheiten unserer Wüstenväter inspirieren, um sie so ein bisschen an der mönchischen Spiritualität teilhaben zu lassen. Denn von den Mönchen können wir vieles lernen: Verzicht, Demut, Bescheidenheit, Schweigsamkeit, Dankbarkeit, Nächstenliebe und sehr viel mehr, was in der heutigen Zeit wichtiger denn je ist.

Möge dieses wunderbare Werk ein Segen für Sie als Leserin und Leser sein!

▶ S. 14/15: Vater Athanasius (links), Vater Ruweis (mitte) und Bischof Anba Damian (rechts) vor dem Antonius-Kloster.

IC XC
NI KA

Kapitel 1
Die Koptisch-Orthodoxe Kirche

Als eine der ältesten Kirchen der Welt ist die Koptisch-Orthodoxe Kirche die größte der christlichen Glaubensgemeinschaften in den arabischen Ländern. Das Wort für Kopten geht auf die griechisch-römische Zeit (332 v. Chr. bis 395 n. Chr.) zurück und bedeutet ursprünglich »Ägypter«. Heute wird der Begriff allein für die ägyptischen Christen verwendet.

Das pharaonische Ägypten war für die Bewohner von Syrien-Palästina von zentraler Bedeutung. Auch in der Bibel wird Ägypten mehr als 363 Mal erwähnt und ist Mittelpunkt zahlreicher Erzählungen. So wird von der Flucht der Hl. Familie nach Ägypten berichtet, wo das Jesuskind mit seinen Eltern drei Jahre lang Asyl vor der Verfolgung durch Herodes fand: »Aus Ägypten habe ich meinen Sohn gerufen« (Matthäus 2,13). Noch heute wird die Route als Pilgerweg von Gläubigen genutzt und die Hl. Stätten, an denen sich koptisch-orthodoxe Heiligtümer, Klöster und Kirchen befinden, werden als einstige Aufenthaltsorte der Hl. Familie verehrt und besucht.

◀ Fresko eines koptisch-orthodoxes Kreuzes in der Kirche des Antonius-Klosters. Die Inschrift JC XC NI KA bedeutet abgekürzt: J(esou)s Ch(risto)s siegt [über den Tod].

Die Begründung der Koptisch-Orthodoxe Kirche geht auf das 1. Jahrhundert und den Heiligen Apostel Markus zurück. Zu dieser Zeit war Ägypten eine Provinz des Römischen Reiches und die Verfolgung von Christen an der Tagesordnung. Zur Regierungszeit des Kaisers Diokletian (284 bis 305 n. Chr.) erreichten die Christenverfolgungen ihren Höhepunkt, weshalb die Koptisch-Orthodoxe Kirche auch als »Kirche der Märtyrer« bekannt ist und ihren Kalender auf Diokletians Regierungszeit zurückdatiert.

Die ersten christlichen Klöster entstanden in den ägyptischen Wüsten, daher ist Ägypten auch als Wiege des Mönchtums bekannt. Hier wurde die christliche Spiritualität von Einsiedlern – wie dem Hl. Antonius – trotz der Verfolgungen unter den römischen und später arabischen Herrschern bewahrt. Die erste Klostergründung geht auf den

Hl. Anba Pachomius zurück. Seine in koptischer Sprache verfassten Klosterregeln wurden später ins Griechische und Lateinische übersetzt. Das Mönchtum breitete sich aus und begründete auch das klösterliche Leben in der weströmischen und abendländischen Welt.

In Ägypten sind etwa 20 Prozent der Bevölkerung Kopten, hinzu kommen etwa 2 Millionen Kopten in der Diaspora. Die größten Auslandsgemeinden befinden sich in Australien, Kanada, den USA und Europa. Oberhaupt der Koptischen Kirche und 118. Patriarch auf dem Stuhl des Hl. Markus ist seit 2012 S. H. Papst Tawadros II. Er hat einen Amtssitz in Kairo und einen in der St. Markuskathedrale in Alexandria. Als Liturgiesprache wird noch heute das Koptische verwendet, das von der altägyptischen Sprache abstammt und damit über 5.000 Jahre alt ist.

In Deutschland leben etwa 20.000 Kopten. Koptische Gemeinden sind unter anderem in Frankfurt, München, Stuttgart, Düsseldorf, Hannover, Berlin, Hamburg, Heidelberg, Dresden, Bonn, Bremen, Bielefeld, Wismar, Dortmund, Duisburg und Leipzig. Es gibt zwei Diözesanbischöfe und -sitze. Zum einen das St. Antonius-Kloster in Kröffelbach in Hessen, das für die süddeutschen Gemeinden zuständig ist und S. E. Bischof Michael untersteht. Zum anderen das Kloster der Hl. Jungfrau Maria und des Hl. Mauritius in Höxter-Brenkhausen in Nordrhein-Westfalen mit S. E. Bischof Anba Damian. (Diese und weitere Informationen auf: *www.koptisches-kloster-brenkhausen.com/kopten.*)

Blütenmeer in Anaphora ▶

Kapitel 2
Die Wüstenväter und ihre Klöster in Ägypten

Der Hl. Antonius und das Antonius-Kloster

Der Hl. Antonius lebte um 251 n. Chr. und gilt als der Vater aller christlichen Mönche. »Stern der Wüste« und »Lichtsäule, die den Erdkreis erhellt« wurde er voller Verehrung genannt.

Schon von apostolischen Zeiten an – die paulinischen Briefe spiegeln es wieder – leben in den christlichen Gemeinden Männer und Frauen als Asketen: ehelos, bedürfnislos, ganz dem Gebet und den Werken der Nächstenliebe ergeben. So war Antonius streng genommen nicht der erste Asket gewesen, der den entscheidenden Schritt tat und die neue Lebensform des christlichen Mönchtums begründete. Er war nicht der erste, der nicht nur die Welt verließ, sondern sich auch vom normalen Gemeindeleben der Kirche absonderte und hinaus in die Wüste zog. Rein zeitlich betrachtet, kommt ihm diese Priorität nicht zu. Geschichtlich aber, von der historischen Bedeutung her gesehen, war und blieb Antonius der erste. Denn er diente als grundlegendes Vorbild für die Geschichte der Wüstenväter und des gesamten christlichen Mönchtums.

◀ Das Antonius-Kloster am Berg Nemra

Etwas Hinreißendes und Zündendes muss von ihm ausgegangen sein. Seine Wirkung auf die ersten Generationen der Wüstenväter schimmerte in den *Apophthegmata patrum* immer wieder durch. Er war der Abbas, der Altvater schlechthin. Ja, schon wenige Jahre nach seinem Tod war Antonius in der ganzen damaligen christlichen Welt des Morgen-und Abendlandes bekannt, berühmt, wurde verehrt und geliebt – ein Heiliger, dem man nachzuahmen strebt. Diese einzigartige Berühmtheit des Hl. Antonius verdankte er seiner postum, (um 360) erschienenen Biographie, in der sein Leben als Heiliger beschrieben wurde. Der Autor ist kein Geringerer als der Hl. Athanasius. Diese Vita des Hl. Antonius aus der Feder des berühmten Kirchenvaters, der Antonius persönlich gekannt hat, spiegelt einerseits das Leben der ersten Wüstenväter wieder. Andererseits will der Hl. Athanasius mit seiner Schrift auch den Wüstenmönchen einen Spiegel vorhalten, so dass diese keine Biographie im neuzeitlichen Sinn ist, sondern so etwas wie ein »Mönchsspiegel« (siehe hierzu: Gertrude und Thomas Sartory: »Lebenshilfe aus der Wüste«, Freiburg 1987).

Das Antonius-Kloster ist das älteste Kloster in Ägypten. Der Hl. Antonius lebte von 251–356 n. Chr. und wurde 105 Jahre alt. Das Kloster wurde 361 n. Chr. von seinen Anhängern gegründet. Es ist das größte der noch bestehenden ägyptischen Klöster.

Hinter der 1120 m langen festungsartigen Mauer aus dem Mittelalter befinden sich mehrere Kirchen, ein Palmengarten, eine Quelle und die Zellen der Mönche. Der sakrale Kernbau der ältesten Kirche, der Antonius-Kirche, geht auf das 6. Jh. zurück. Möglicherweise befindet sich das Grab des Heiligen direkt unter dem rechten Seitenaltar. Allerdings mussten seine Anhänger versprechen, seine Grabstelle geheim zu halten. Der Hl. Antonius lebte in einer Höhle oberhalb des jetzigen Klosters. 1200 Stufen führen den Besucher zur Höhle. 700 Höhenmeter sind dabei zu überwinden.

Die alte Antonius-Kirche wurde mehrmals auf den alten Fundamenten wieder aufgebaut. Der sakrale Raum der rund 1400 Jahre alten Antonius-Kirche birgt eine überwältigende Anzahl von Fresken, die im 10. Jahrhundert entstanden sind.

- S. 23: Fresko des Hl. Antonius und des Hl. Paulus im Antonius-Kloster
- S. 24/25: Das Antonius-Kloster in Deir el-Qaddis Antwân liegt am Berg Nemra in den Felsgebirgen der östlichen Wüste in der Nähe der Küste des Roten Meeres.
- S. 27: Der Mönchspriester Vater Lazarus lebt auf einem Berg in einer Höhle ganz nach seinem Vorbild dem Hl. Antonius. Hier ist er mit seinem bescheidenen Holz-Kreuz vor dem Antonius-Kloster zu sehen.
- S. 28: S. E. Bischof Yousuf und Vater Ruweis im Antonius-Kloster.
- S. 29: Der Altarraum der Antonius-Kirche: Die mit koptischen Kreuzen versehene Holzwand verbirgt das Allerheiligste. Im Hintergrund ist ein Fresko mit Jesus Christus als Pantokrator und den vier Evangelisten gemäß koptisch-orthodoxer Tradition zu erahnen.
- S. 31/32: Zahlreiche Fresken von koptischen Heiligen sind im Antonius-Kloster zu sehen.
- S. 32/33: Blick von der Treppe des Antonius-Klosters: In der weitläufigen Klosterlandschaft befindet sich eine kleine Quelle sowie ein Garten, der mit dieser bewässert wird.
- S. 35: Der Mönchserzpriester Pater Ruweis vor seiner Mönchszelle

Der selige Antonios pflegte zu sagen: »Die Altväter der Vorzeit begaben sich in die Wüste und machten nicht nur sich selbst gesund, sondern wurden auch noch Ärzte für andere. Wenn aber von uns einer in die Wüste geht, dann will er andere früher heilen als sich selbst. Und unsere Schwäche kehrt zu uns zurück und unsere letzten Dinge werden ärger sein als die ersten, und daher heißt es für uns: Arzt, heile dich vorher selbst!«

Apophthegmata 1007

Ein andermal sagte der Altvater Antonios: »Vom Nächsten her kommen uns Leben und Tod. Gewinnen wir nämlich den Bruder, so gewinnen wir Gott. Geben wir hingegen dem Bruder Ärgernis, so sündigen wir gegen Christus.«

Apophthegmata 9

Abbas Or sprach: »Wenn du siehst, dass ich einen Gedanken gegen jemand habe, dann wisse, dass jener den gleichen gegen mich hat.«

Apophthegmata 938

دير القديس العظيم الأنبا أنطونيوس
العامر
ASTERY
TONY

FR. BERNADVS A FERVLA DE OBSERVAÑ SICVLVS
TORNADO
TORNADO

Fr bernardus
de obseruantia
Catholicus &c.
162

Ein Bruder, der in einem Kloster lebte und häufig zornig wurde, sprach zu sich selbst: »Ich will in die Einsamkeit gehen, denn wenn ich niemanden mehr habe, mit dem ich streiten kann, wird sich vielleicht meine Leidenschaft legen. Als er aber in die Einöde gezogen war und allein in einer Höhle wohnte, geschah es, dass er eines Tages, als er seinen Wasserkrug gefüllt und auf den Boden gestellt hatte, zufällig etwas Wasser verschüttete. Als er den Krug ein zweites und drittes Mal wieder gefüllt hatte, nachdem ihm das Missgeschick immer wieder passierte, packte er den Krug und zerschlug ihn in Stücke. Nachdem er sich wieder gefasst hatte, sah er erst ein, dass ihn der Geist des Zornes verblendet hatte, und er sprach zu sich: Sieh, nun bin ich zwar allein, aber der Geist des Zornes hat mich auch hier erfasst. Ich will daher wieder in mein Kloster zurückkehren, denn überall muss ich kämpfen und ertragen und bin auf Gottes Beistand angewiesen.« Damit machte er sich auf und kehrte wieder an seinen vorigen Platz zurück.

Apophthegmata 1136

Abbas Antonios sagte: »Wer in der Wüste sitzt und die Herzensruhe pflegt, wird drei Kämpfen entrissen: Dem Hören, dem Reden, dem Sehen. Er hat nur noch einen Kampf zu führen: den gegen die Unreinheit.«

Apophthegmata 11

- S. 37: Fresko der beiden Erzengel in der Antonius-Kirche
- S. 39: Dieser Stein mit dem Koptischen Kreuz steht an der Höhlenkirche des Antonius-Klosters. Die Treppe, die im Hintergrund zu sehen ist, führt über 700 Höhenmeter hinauf zu der Höhle, die der Heilige Antonius einst bewohnt hat.
- S. 40/41: Die Einfahrt zum Antonius-Kloster.
- S. 42/43: Ein Mönch schaut in die Ferne.
- S. 45: Ausschnitt der imposanten Mauer um das Antonius-Kloster
- S. 46/47: Zwei Mönche wandern auf einer einsamen Straße in der Nähe Antonius-Klosters.
- S. 48: Eine Tür, die ins alte Refektorium des Antonius-Klosters führt.
- S. 49: Vater Lazarus zeigt eine Abbildung des Hl. Antonius im Kloster.
- S. 50: Portrait von Vater Ruweis aus dem Antonius-Kloster
- S. 52: Fresko im Altarraum der Antonius-Kirche mit Christus als Pantokrator
- S. 53: Fresko in der Antonius-Kirche
- S. 55: Demutshaltung eines Mönchspriesters
- S. 57: Zugbrücke zwischen zwei Gebäuden im Antonius-Kloster. Solche Zugbrüken verbinden häufig ein Treppenhaus mit einer turmartigen Festung, in die sich die Mönche während der zahlreichen Überfälle flüchten konnten.
- S. 58/59: Die Festung auf dem Gelände des Antonius-Klosters
- S. 60: Eine Frau bittet vor den Heiligtümern der Antonius-Kirche um göttlichen Beistand.
- S. 61: Eingangstür zur Antonius-Kirche
- S. 64/65: Der Mönchspriester Merkorius El Makari zeigt Besuchern das Maß aller Dinge.

Da war einer, der in der Wüste nach wilden Tieren Jagd machte. Er sah, wie der Altvater Antonios mit den Brüdern Kurzweil trieb, und er nahm Ärgernis daran. Da nun der Greis ihm klar machen wollte, dass man sich zuweilen zu den Brüdern herablassen müsse, sprach er zu ihm: »Lege einen Pfeil auf den Bogen und spanne!« Er machte so. Da sagte er zu ihm: »Spanne noch mehr!« Da antwortete ihm der Jäger: »Wenn ich über das Maß spanne, dann bricht der Bogen.« Da belehrte ihn der Greis: »So ist es auch mit dem Werk Gottes. Wenn wir die Brüder übers Maß anstrengen, versagen sie schnell. Man muss also den Brüdern ab und zu entgegenkommen.« Als der Jäger das hörte, ging er in sich, und mit großem Gewinn schied er von dem Altvater. Die Brüder aber kehrten gefestigt an ihren Ort zurück.

Apophthegmata 13

Herzensruhe ist die
Mutter aller Tugenden.

Abbas Rufos

Der Altvater Moses sprach zum Altvater Makarios in der Sketis: »Ich will mich der Ruhe (der Kontemplation) hingeben, aber die Brüder lassen mich nicht.« Altvater Makarios sagte zu ihm: »Ich sehe, dass deine Natur zart ist und du den Bruder nicht zurückweisen kannst. Aber wenn du die Beschauung pflegen willst, dann geh in die Wüste, dort hast du Ruhe.« Er tat es und kam zur Ruhe.

Apophthegmata 475

Zwei Altväter wohnten in einem Kellion und hatten sich nie jemals auch nur im Geringsten entzweit. Da sprach einmal der eine zu anderen: »Wir wollen auch einmal einen Streit anfangen wie andere Leute.« Der andere aber sagte: »Ich weiß nicht, wie ein Streit entsteht.« Jener antwortete: »Sieh, ich lege hier einen Ziegelstein in die Mitte und sage: ›Er gehört mir.‹ Darauf sagst du: ›Nein, er gehört mir!‹ Und daraus entsteht dann Streit und Zank.« Und nachdem er den Stein in die Mitte gelegt hatte und sagte: »Der ist mein und nicht dein!«, antwortete der andere: »Ich glaube, er ist mein.« Hierauf sagte der erste wieder: »Er ist doch mein und nicht dein!« Da sagte der zweite: »Wenn er denn dein ist, dann nimm ihn!« Darauf hatte ihr Streit wieder ein Ende.

Apophthegmata 1352

هنا صبر القديسين وإيمانهم (رؤ ١٣: ١٠)

Ein Bruder kam zum Altvater Makarios und sagte zu ihm: »Vater, sage mir ein Wort! Wie kann ich das Heil erlangen?« Der Greis belehrte ihn: »Sieh hin zum Grabmahl, und höhne die Toten.« Der Bruder ging also hin, verhöhnte und warf mit Steinen. Dann kam er zurück und berichtete dem Greis. Der fragte: »Haben sie dir nichts gesagt?« Er antwortete: »Nein.« Da sprach der Greis zu ihm: »Gehe morgen wieder hin und lobe sie!« Der Bruder ging hin und lobte sie und sprach: »Apostel, Heilige, Gerechte!« Und er kam zum Greis und berichtete: »Ich habe sie gelobt!« Und er fragte ihn: »Haben sie nichts geantwortet?« Der Bruder antwortete: »Nein!« Da belehrte ihn der Greis: »Du weißt, wie sehr du sie geschmäht hast, und sie antworteten dir nicht – und wie viel du sie gelobt hast, und sie haben nichts zu dir gesagt. So musst auch du sein, wenn du das Heil erlangen willst. Werde ein Leichnam, beachte weder das Unrecht der Menschen noch ihr Lob – wie die Toten, und du wirst gerettet werden!«

Apophthegmata 476

Paesios, der Bruder des Altvaters Poimen, hatte einmal eine Unstimmigkeit mit einem außerhalb des Kellions. Dem Abbas Poimen war das nicht recht, so erhob er sich und floh zu Altvater Ammonas. Er sagte ihm: »Paesios, mein Bruder, hat eine Feindseligkeit mit einem, und das lässt mich nicht zur Ruhe kommen.« Abbas Ammonas antwortete ihm: »Poimen, du lebst doch noch? Auf, setze dich in dein Kellion und sage zu deinem Herzen: Du bist schon ein Jahr im Grab.«

Apophthegmata 576

Brüder besuchten von der Sketis aus den Altvater Antonios. Sie bestiegen ein Schiff, um zu ihm zu kommen. Dort trafen sie einen Alten, der auch dorthin kommen wollte, doch die Brüder kannten ihn nicht. Als sie im Schiff waren, unterhielten sie sich über Aussprüche der Väter, über Worte der Schrift und auch über ihre Handarbeit. Der Alte aber schwieg. Als sie nun am Anlegeplatz waren, zeigte es sich, dass der Alte auch auf dem Weg zum Altvater Antonios war. Als sie dann bei diesem ankamen, sprach Antonios zu ihnen: »An diesem Alten habt ihr einen guten Begleiter gefunden.« Er sagte aber auch zu dem Greis: »Treffliche Leute hast du bei dir.« Der Greis erwiderte: »Gut sind sie schon, aber ihr Gehöft hat kein Tor, und jedermann kann in den Stall hineingehen und den Esel losbinden.« Das sagte er, weil sie alles herausschwätzten, was ihnen in den Mund kam.

Apophthegmata 18

Einmal fragte ein Bruder den Altvater Poimen: »Was ist besser: zurückgezogen oder mit anderen zusammen zu leben?« Der Greis antwortete: »Wenn ein Mensch sich selbst tadelt, dann kann er überall bestehen. Wenn einer aber sich selber erhebt, dann besteht er nirgends. Ein Mensch mag noch so viel Gutes getan haben, wenn er sich deswegen überhebt, wird er es bald verlieren.«

Apophthegmata 1051

Ein gewisser Greis in der Sketis war zwar fleißig in allen körperlichen Übungen, aber nicht eben scharf im Denken. Dieser kam zum Altvater Johannes Kolobos und befragte ihn über die Vergesslichkeit. Nachdem er von ihm ein Wort gehört hatte, ging er in sein Kellion zurück und vergaß, was ihm der Altvater gesagt hatte. Er ging wieder zurück und fragte wieder, und er bekam die Anweisung in der gleichen Form und kehrte heim. Aber kaum war er in seinem Kellion, da hatte er es schon wieder vergessen. So kam er sehr oft, aber auf dem Heimweg wurde die Vergesslichkeit Herr über ihn. Hernach begegnete er dem Greis und sagte: »Vater, weißt du, dass ich wieder vergessen habe, was du mir gesagt hast? Aber ich wollte dir nicht lästig fallen, und deshalb kam ich nicht mehr.« Da sprach der Altvater Johannes zu ihm: »Bring jetzt andere Lichter und zünde sie daran an.« Er machte es so. Nun sprach der Altvater Johannes zu ihm: »Hat etwa das Licht abgenommen, weil du an ihm andere angezündet hast?« Der Greis: »Nein!« Da sagte der Altvater: »So auch Johannes nicht. Und wenn die ganze Sketis zu mir käme, würde sie mich doch nicht von der Liebe Christi abbringen. Also, wenn du willst, dann komm und habe keine Bedenken!« Und so, wegen der Geduld der beiden, nahm Gott die Vergesslichkeit von dem Alten. Das ist das Verfahren der Sketioten: Denen, die angefochten sind, Zuversicht einzuflößen und sich selber Gewalt anzutun, um andere für das Gute zu gewinnen.

Apophthegmata 333

Fr bernardus
de obseruantia prin.
Catholicus &c. sub die
1625

يارب احببت
محل بيتك
وموضع مسكن
مجدك

Ein Bruder fiel in eine Versuchung, und vor lauter Verwirrung verlor er seine mönchische Regel. Und als er wieder anfangen wollte mit der Beachtung der Regel, hielt ihn seine Verwirrung davon ab, und er sagte sich: »Wann werde ich mich wieder so finden, wie ich war?« Dabei verlor er den Mut und konnte es so niemals zu einem Anfang bringen. Da ging er zu einem Altvater und erzählte ihm, was mit geschehen war. Der Greis hörte sich an, was ihn bedrückte, und gab ihm dann dieses Beispiel:

»Ein Mann besaß einen Acker, den er aber aus Nachlässigkeit verwildern ließ, so dass er von Disteln und Dornen übersät war. Später aber wollte er ihn wieder urbar machen und sagte zu seinem Sohn: ›Geh und reinige den Acker!‹ Der Sohn ging hin, um ihn zu reinigen. Als er ihn aber betrachtet hatte, sah er die Menge des dort wachsenden Unkrauts und sprach ganz entmutigt zu sich selbst: ›Wie soll ich das alles ausrotten und fortschaffen?‹ Und er warf sich auf die Erde und schlief. Und so machte er es viele Tage lang. Als sein Vater kam, um nachzusehen, was er bereits gearbeitet hatte, fand er ihn müßig. Und er fragte ihn: ›Warum hast du bis jetzt nichts getan?‹ Der Sohn erwiderte seinem Vater: ›Als ich gekommen war, um zu arbeiten, sah ich die Unmenge von Disteln und Dornen, und da wusste ich nicht, wo ich anfangen sollte, und vor lauter Unmut legte ich mich auf die Erde und schlief.‹ Der Vater entgegnete ihm: ›Mein Sohn, arbeite täglich nur so viel, als dein Körper, wenn du liegst, Raum einnimmt, und so wird deine Arbeit allmählich voranschreiten, und du wirst dabei nicht verzagt sein.‹ Als der Jüngling das gehört hatte, handelte er danach und in kurzem war der Acker gereinigt und urbar gemacht.«

»Mach auch du, Bruder, es so, arbeite nach und nach, so wirst du den Mut nicht verlieren und Gott wird dich wieder in deine frühere Ordnung einsetzen durch seine Gnade.« Als der Bruder das gehört hatte, ging er fort und tat, wie ihm der Greis gesagt hatte, indem er geduldig ausharrte. Und so fand er Ruhe und brachte es durch den Herrn Christus wieder vorwärts.

Apophthegmata 1151

القديس العظيم ابا بولا
اول السواح

Der Hl. Paulus und das Paulus-Kloster

Der Heilige Paulus von Theben lebte über 80 Jahre als Einsiedler auf dem Berg Nemra am Roten Meer, wo er keinen Menschen traf. Dort lebte er jahrzehntelang allein. Er ernährte sich der Legende nach nur von einer Quelle, einer Palme und einem Raben, der ihm täglich ein halbes Brot brachte.

Als er 113 Jahre alt war, wurde er, kurz vor seinem Tod, von dem damals 90-jährigen Antonius aufgesucht. Denn Antonius wurde in einer Vision die Existenz dieses benachbarten, älteren Einsiedlers offenbart, der ihm auf dem Weg in die Wüste vorausgegangen ist. Während dieses Besuchs brachte der Rabe ein ganzes Brot. Antonius ging zurück, um den Mantel zu holen, den er von S. H. Papst Athanasius (300–375) erhalten hatte, um den Leichnam von Paulus darin einzuhüllen. Als er wieder in der Höhle von Paulus war, soll dieser bereits verstorben gewesen sein. Nach dem Tod des Paulus habe Antonius mit Hilfe zweier Löwen ein Grab ausgehoben. Der Hl. Paulus starb 341 n. Chr.

Die Höhle, in der Paulus etwa 90 Jahre lang als Einsiedler lebte, ist heute als Heiligtum im Paulus-Kloster das Ziel vieler Pilger. Da der Legende nach zwei Löwen den Leichnam des Heiligen in der Wüste begruben, steht ein leerer Sarkophag in der Kapelle.

Die Wasserversorgung des Klosters ist eine kleine Quelle aus dem Berg. Das Wasser wird durch einen Tunnel in ein Auffangbecken geleitet. Ungefähr 4 Quadratmeter können so das Überleben von 75 Mönchen sichern. Für den weiteren Bedarf wird Wasser mit Tanklastern zum Kloster geliefert. Auch ein Garten wird damit bewässert.

◀ Fresko des Heiligen Paulus mit dem Raben und den zwei Löwen zu seinen Füßen.

- S. 69: Das Paulus-Kloster liegt am Ende eines Tals.
- S. 70: Bruder Angelos vor der Quelle im Berg des Paulus-Klosters
- S. 71: Die Höhle des Hl. Paulus von Theben, sie wird auch Krypta genannt.
- S. 72/73: Ein Mönch flicht ein koptisches Kreuz aus Leder und bewacht das Heiligtum.
- S. 75: Koptische Pilger zeigen stolz ihre tätowierten Kreuze.
- S. 76/77: Fröhliche Mönche vor dem Eingang zum Paulus-Kloster
- S. 78/79: Ein Mönch zeigt den Besuchern, wie während des gemeinsamen Essens der Mönche im alten Refektorium des Paulus-Klosters das Evangelium rezitiert wurde.
- S. 82: Ein Mönch rezitiert das Evangelium im Paulus-Kloster.
- S. 83: Fresko des Hl. Makarius in der Paulus-Kirche.
- S. 85: S. E. Bischof Anba Damian schwenkt im liturgischen Gewand den Weihrauch während eines Gottesdienstes im Paulus-Kloster.
- S. 87: Teilnehmer unserer Reisegruppe werden im Paulus-Kloster vom Licht geküsst.

Ein Bruder in der Wüste Sketis war gefallen. Man hielt eine Versammlung ab und schickte nach Abbas Moses. Der aber wollte nicht kommen. Daraufhin sandte ihm der Priester den Auftrag: »Komm, denn das Volk erwartet dich!« Moses erhob sich und kam. Er nahm einen durchlöcherten Korb, füllte ihn mit Sand und nahm ihn auf die Schulter. Die Brüder gingen ihm entgegen und sagten zu ihm: »Was ist das, Vater?« Da sprach der Greis zu ihnen: »Das sind meine Sünden. Hinter mir rinnen sie heraus, und ich sehe sie nicht, und nun bin ich heute gekommen, um über fremde Sünden zu richten.« Als sie das hörten, sagten sie nichts mehr zu dem Bruder, sondern verziehen ihm.

Apophthegmata 496

Als einmal Abbas Johannes mit anderen Brüdern aus der Sketis hinaufstieg, verirrte sich ihr Führer, denn es war Nacht. Da sprachen die Brüder zu Abbas Johannes: »Was sollen wir tun, Abba, da der Bruder vom Weg abgeirrt ist, damit wir nicht herumirren und sterben?« Da sprach zu ihnen der Alte: »Wenn wir ihm das sagen, ist er bedrückt und beschämt. Aber siehe, ich stelle mich kraftlos und sage, dass ich nicht mehr gehen kann und bis zum Morgen hier bleibe.« Und er tat so. Die übrigen aber sagten: »Auch wir gehen nicht weiter, sondern setzen uns mit dir.« Und sie setzten sich bis zum Morgen und verärgerten den Bruder nicht.

Apophthegmata 332

Einmal kamen Brüder zum Altvater Pambo, und einer fragte ihn: »Ich faste jeweils zwei Tage und esse zwei Zwiebacke. Rette ich so meine Seele, oder bin ich im Irrtum?« Und ein anderer sagte so: »Ich verdiene mir mit meiner Handarbeit täglich zwei Johannisbrotschoten, davon verwende ich ein wenig zu meiner Nahrung, das übrige gebe ich als Almosen. Werde ich da gerettet, oder gehe ich zugrunde?« So stellten sie ihm noch viele Fragen, aber er gab keine Antwort. Nach vier Tagen waren sie daran wegzugehen, und die Kleriker ermunterten sie: »Macht euch keine Sorgen, Brüder! Gott gibt euch den Lohn! So ist es halt die Gewohnheit des Greises. Er redet nicht leicht, wenn Gott es ihm nicht deutlich zu erkennen gibt.« Sie gingen also zum Greis hinein und sagten zu ihm: »Vater, bete für uns!« Er sagte zu ihnen: »Wollt ihr denn weggehen?« Sie sagten: »Ja!« Da übertrug er ihre Übungen auf sich selber und schrieb sie auf die Erde, indem er sprach: »Pambo fastet zwei Tage lang und isst nur zwei Brote, aber wird er dadurch ein Mönch? Nein! Und Pambo erarbeitet zwei Schoten und gibt sie als Almosen, aber wird er dadurch zum Mönch? Noch nicht!« Dann belehrte er sie: »Eure Übungen sind gut, aber wenn ihr euer Gewissen vor Fehlern gegen den Nächsten bewahrt, dann werdet ihr gerettet werden.« Zu klarer Erkenntnis gelangt, gingen sie mit Freuden davon.

Apophthegmata 763

Abba Dulas, der Schüler des Altvaters Besarion, erzählte: Als wir einmal am Ufer des Meers wanderten, bekam ich Durst, und ich sagte zu Abbas Besarion: »Vater, ich habe großen Durst!« Der Greis sprach ein Gebet und sagte dann zu mir: »Trink aus dem Meer!« Das Wasser war süß und ich trank. Dann füllte ich noch ein Gefäß, für den Fall, dass ich unterwegs wieder Durst bekäme. Als der Alte das sah, sagte er zu mir: »Warum hast du das getan?« Ich antwortete: »Verzeih mir! Damit ich nachher nicht wieder Durst leiden muss.« Daraufhin sagte der Greis: »Gott ist hier und überall.«

Apophthegmata 156

Ein Bruder fragte den Altvater Rufos: »Was ist die Herzensruhe, und was ist ihr Nutzen?« Der Greis sagte: »Die Herzensruhe ist: in dem Kellion sitzen mit Furcht und Erkenntnis Gottes und sich fernhalten von der Erinnerung an Erlittenes und von Hochmut. Eine solche Ruhe ist die Mutter aller Tugenden, sie bewahrt den Mönch vor den feurigen Geschossen des Feindes (Eph 6,16) und lässt ihn nicht davon verwundet werden. Ja, Bruder, sie erwirb, eingedenk deines Scheidens im Tode, weil du nicht weißt, zu welcher Stunde der Dieb kommt (Lk 12,39). Im Übrigen also, sei wachsam bezüglich deiner eigenen Seele.«

Apophthegmata 801

Ein in seinem ganzen Leben sehr frommer Weltmann kam einmal zum Altvater Poimen. Zufällig waren beim Altvater auch noch andere Brüder, die von ihm ein Wort hören wollten. Der Greis sprach zu dem gläubigen Weltmann: »Sprich zu den Brüdern ein Wort!« Dieser aber verwahrte sich dagegen mit den Worten: »Verzeih mir, Vater, ich bin zum Lernen gekommen.« Aber vom Greis gezwungen, sagte er: »Ich bin ein Weltmann, verkaufe Gemüse und mache Geschäfte damit. Aus großen Bündeln mache ich kleine, kaufe billig ein und verkaufe teuer. Nur von der Schrift weiß ich nicht zu reden. Aber ein Gleichnis will ich erzählen. Ein Mann sagte zu einem Freunde: ›Da ich den Wunsch habe, den König zu sehen, komme mit mir!‹ Der Freund sprach: ›Ich gehe mit dir den halben Weg!‹ Und er sagte zu einem zweiten Freund: ›Bringe mich zum König!‹ Der antwortete ihm: ›Ich bringe dich bis zum Palast des Königs!‹ Nun sprach er zu einem Dritten: ›Geh mit mir zum König.‹ Dieser antwortete: ›Ich gehe und führe dich zum Palast. Dort stelle ich mich auf, rede und führe dich dann zum König.‹ Als sie ihn nach der Deutung des Gleichnisses fragten, gab er ihnen folgende Erklärung: ›Der erste Freund ist die Askese: sie führt bis an den Weg. Der zweite ist die Herzensreinheit, sie führt bis zum Himmel, der dritte ist das Erbarmen: es führt zum König, Gott, mit großer Sicherheit.‹« Erbaut gingen die Brüder von dannen.

Apophthegmata 683

Die Altväter sagten: »Wenn dir auch in Wahrheit ein Engel erschiene, nimm ihn nicht leicht auf; sondern demütige dich und sage: ›Ich bin nicht würdig, einen Engel zu schauen, weil ich in Sünden lebe.‹«

Apophthegmata 1075

Wenn Abbas Agathon etwas sah und sein Herz über die Sache urteilen wollte, sprach er zu sich: »Agathon tu dies nicht!« Und so kam sein Denken zur Ruhe.

Apophthegmata 100

كنيسة
التسعة والأربعين شهيدًا شيوخ شيهات
The Church of the Forty Nine
Monks Martyrs

Der Hl. Makarius und das Makarius-Kloster

Das Kloster wurde um 360 n. Chr. von dem Eremiten Makarius dem Großen gegründet. Seit der Gründung ist das Kloster bis heute ununterbrochen von Mönchen bewohnt. Zunächst baute die Mönchsgemeinschaft eine kleine Kirche und einige Zellen, sowie einen Schutzturm, um sich gegen Überfälle der Beduinen zu schützen. Im Verlauf des 5. Jahrhunderts gab es mehrere schwere Überfälle. Einige Mönche konnten dank des Schutzturmes überleben, aber 49 Mönche starben und werden als Märtyrer in einer kleinen Kirche auf dem Klostergelände verehrt.

Makarius der Große war ein Schüler von Antonius und schon zu seinen Lebzeiten der spirituelle Vater von über 4000 Mönchen verschiedener Nationalitäten. Zahlreiche Reliquien sind in der Hauptkirche untergebracht, so die Reliquien von Johannes dem Täufer und dem Propheten Elisa, außerdem noch Knochen von 14 Patriarchen und die Reliquien von Makarius dem Großen, vom Hl. Makarius dem Alexandriner und dem Hl. Makarius dem Bischof.

Der Patriarch Theodosios der Erste von Alexandria fand 551 im Makarius-Kloster Asyl, als er von dort fliehen musste. Daraufhin nahm das Kloster eine Sonderstellung ein. Insgesamt wurden 29 Mönche dieses Klosters zu Patriarchen gesalbt.

◀ Pater Merkurius vor der Kirche der 49 Märtyrer im Makarius-Kloster in Wadi el-Natrun.

▶ S. 90/91: Der Innenhof des Makarius-Klosters in Wadi el-Natrun

▶ S. 92: Pater Merkurius gibt sich im Makarius-Kloster ganz der Kontemplation hin.

▶ S. 93: Reliquien-Schrein in der Makarius-Kirche

▶ S. 94: Freundlichkeit und Güte im Gesicht eines Mönches

▶ S. 95: Die Festung des Makarius-Klosters.

Ein Altvater sprach zu seinem Bruder: »Vergegenwärtige dir alle Tage deinen Tod als nahe, und kümmere dich um nichts in dieser Welt, gleich, als lägest du schon lang im Grabe. Habe auch die Gottesfurcht in dir. Halte dich für geringer als alle Menschen. Rede von niemand Schlechtes, denn Gott weiß alles. Sei vielmehr mit allen in Frieden, dann wird dir Gott allezeit die Herzensruhe schenken.«

Apophthegmata 1016

Altvater Makarios der Große kam zum Altvater Antonios auf den Berg, er klopfte, und jener kam zu heraus und fragte: »Wer bist du?« Der sagte: »Ich bin Makarios.« Da schloss Antonios die Türe, ging hinein und ließ ihn stehen. Als er aber seine Geduld sah, öffnete er ihm, war freundlich mit ihm und sagte: »Seit langer Zeit wollte ich dich sehen, da ich so viel von dir gehört habe.« Er bewirtete ihn und richtete ihm ein Ruhelager, denn er war sehr ermüdet. Als es spät Abend war, weichte er Palmblätter ein. Da bat ihn Altvater Makarios: »Befiehl, dass ich mir auch Palmblätter einweiche!« Er sagte: »Tue es!« Er machte sich einen großen Bund und weichte ihn ein. So saßen sie da, von Abend an, sprachen über das Heil der Seelen und flochten. Und das Seil ging durch die Tür bis zur Höhle hinab. Als der selige Antonios in der Frühe hereinkam, sah er die Menge des Seils vom Altvater Makarios und er sprach: »Viel Kraft geht von diesen Händen aus!«

Apophthegmata 457

Ein Bruder suchte Abba Moses in der Wüste Sketis auf und bat ihn um ein Wort der Weisung. Und der alte Mann entgegnete ihm: »Geh zurück in deine Zelle und bleibe dort sitzen, deine Zelle wird dich alles lehren.«

Apophthegmata 500

Der Altvater Antonios richtete seinen Blick auf die Tiefe der Ratschlüsse Gottes und stellte die Frage: »Herr, wie kommt es, dass manche nach einem kurzen Leben sterben, andere aber ein hohes Alter erreichen? Und warum leiden die einen Not, während andere reich sind? Warum schwelgen die Ungerechten in Reichtum und die Gerechten sind in Armut?« Da kam eine Stimme zu ihm, die sprach: »Antonios, achte auf dich selbst; denn das sind Fügungen Gottes, und es frommt dir nicht, sie zu erforschen.«

Apophthegmata 2

IC
XC

Die Hl. Maximus und Domitius und das Baramous-Kloster

Das Baramous-Kloster wurde ca. 355 n. Chr. von Makarius dem Großen gegründet. Die Prinzen Maximus und Domitius, Söhne des römischen Kaisers Valentinian I., sollen ihre Zelle an der Stelle des heutigen Klosters erbaut haben. Nach der Überlieferung waren die beiden Heiligen in die Sketische Wüste gegangen, während der Hl. Makarius der Große vergeblich versucht hatte, sie vom Einsiedlertum abzuhalten. Dennoch blieben sie und erreichten die spirituelle Perfektion, bevor sie in jungen Jahren starben. Ein Jahr nach ihrem Tod ehrte Makarius die beiden Brüder, indem er über ihrer Zelle eine Kapelle errichten ließ, die er »Zelle der Römer« nannte. Neben dem Hl. Makarius bewohnten weitere Heilige im 4. und 5. Jahrhundert das Baramous-Kloster.

◀ Fresko der beiden Heiligen Maximus und Domitius aus dem Antonius-Kloster

Die Klosteranlage umfasst fünf Kirchen. Ein bedeutender Heiliger, der hier lebte und bei einem Überfall im Jahr 407 als Märtyrer starb, war »Moses der Schwarze«. Seine Reliquien befinden sich hier im Baramous-Kloster.

▶ S. 100: Ikone im Baramous-Kloster

▶ S. 100/101: Wunderschön mit koptischen Kreuzen dekorierte Außenwände des Baramous-Klosters

▶ S. 102/103: Der gut erhaltene, alte Brennofen des Klosters, in dem früher Kalksteine gebrannt wurden

▶ S. 105: Die alten Gemäuer der ältesten Kirche im Baramous-Kloster mit der »Zelle der Römer«

▶ S. 106: Ein Mönch steht im Altarraum. Die ältesten Fresken sind gut erhalten und zu erkennen.

دير السيدة العذراء براموس
نعمة لكم وسلام من الله أبينا والرب يسوع المسيح

Es fragte Abbas Hesaias den Abbas Makarios und sagte: »Sage mir Wort.« Und es sprach zu ihm der Alte: »Fliehe die Menschen.« Da sprach zu ihm Abbas Hesaias: »Was ist das, die Menschen fliehen?« Der Alte sagte ihm dann: »Sich in sein Kellion setzen und seine Sünden beweinen.«

Apophthegmata 480

Abba Xanthias sprach: »Ein Hund ist besser als ich, weil auch er liebt, aber nicht urteilt.«

Apophthegmata 570

Abba Sarmatas sprach: »Ein Mensch, der gesündigt hat, aber sich dessen bewußt ist und seine Sünde bereut, ist mir lieber als ein anderer, der keine Sünde beging und sich selbst für einen Gerechten hält.«

Apophthegmata 871

Einige fragten den Abbas Makarios und sagten: »Wie müssen wir beten?« Da sagte ihnen der Alte: »Es ist nicht nötig zu schwatzen, sondern die Hände auszubreiten und zu sagen: ›Herr, wie du willst und weißt, erbarme dich.‹ Wenn aber eine Versuchung auf dir liegt: ›Herr, hilf.‹ Denn er selbst kennt das Zuträgliche und hat mit uns Erbarmen.«

Apophthegmata 472

Der Hl. Bischoy und das St. Bischoy-Kloster

Das in der Sketischen Wüste gelegene St. Bischoy-Kloster ist das bekannteste der Wüstenklöster. Der Hl. Bischoy wurde im Jahr 320 geboren. Dieser Heilige genießt in Ägypten eine besondere Beliebtheit, weil der Herr, Jesus Christus, ihm etliche Male erschienen ist. Daher sieht man ihn auf zahlreichen Ikonen, wie er dem Herrn die Füße wusch oder ihn auf seinen Schultern trug.

Der Hl. Bischoy hielt sich ab 340 im Wadi el-Natrun auf, wo er ein Schüler vom Hl. Pambo war. Ein anderer Heiliger, »Johann der Kurze«, war zur gleichen Zeit Schüler und der engste Freund vom Hl. Bischoy. Nach dem Tod des Hl. Pambo wurde der Hl. Bischoy der spirituelle Vater von unzähligen Mönchen. Er ist der Gründer des Bischoy-Klosters und des benachbarten sogenannten Syrischen Klosters. Er war berühmt für seine Liebe, Einfachheit und Güte sowie für sein extremes asketisches Leben. Im Syrischen Kloster kann man die Zelle des Hl. Bischoy besichtigen, wo er sein Haar an die Decke band, um beim Beten nicht einzuschlafen. Das Bischoy-Kloster besitzt fünf Kirchen. In der Hauptkirche ist sein Leichnam aufgebahrt. Er soll unversehrt erhalten sein.

Auf dem Klostergelände befindet sich auch die Grabstätte von S. H. Papst Schenouda III. Er war der 117. Patriarch auf dem Stuhl des Hl. Markus. Seine Grabstätte hat eine ebenso große Anziehungskraft für Gläubige wie der Leichnam des Hl. Bischoy.

Wer das Bischoy-Kloster besucht, kann den Segen des Heiligen Bischoy erhalten. Sein Leichnam ist unversehrt erhalten geblieben und hier in einem Sarg aufgebahrt worden.

- ▶ S. 108: S. H. Papst Schenouda III. (* 3.8.1923, † 17.3.2012)
- ▶ S. 109: Priester erbitten den Segen des Heiligen Bischoy an dessen Sarg.
- ▶ S. 110: Ein Mönch wandelt dem Licht entgegen.
- ▶ S. 111: Blick auf den historischen Teil des Bishoy-Klosters, der in Lehmbauweise errichtet ist. Hier waren früher die Mönchszellen.
- ▶ S. 112: Verheiratete Priester begrüßen Mönche während des Klosterbesuchs auf das Herzlichste.
- ▶ S. 115: Ein Mönch sitzt auf dem Boden in der alten Kirche im Bischoy-Kloster und meditiert.
- ▶ S. 116/117: Die Zugbrücke des Bischoy-Klosters zwischen dem Festungsturm und dem Treppenhaus.

Ein Bruder fragte den Abbas Sisoes und sagte: »Was soll ich tun, Abba, denn ich bin gefallen?« Es sagte ihm der Alte: »Steh wieder auf.« Da sagte der Bruder: »Ich bin aufgestanden und wieder gefallen.« Und es sagte der Alte: »Steh auf, wieder und wieder.« Es sagte der Bruder: »Wie lange?« Es sagte der Alte: »Bis du angetroffen (d.h. beim Tod und Gericht) wirst, entweder im Guten oder im Fall. Denn worin ein Mensch angetroffen wird, dahin geht er auch.«

Apophthegmata 805

Ein Bruder saß in der Kellia, und durch die Einsamkeit kam er in Unruhe. Er ging zum Altvater Theodor von Pherme und sagte es ihm. Da belehrte ihn der Greis: »Wohlan, demütige dein Denken, ordne dich unter und bleibe bei den anderen.« Er kam wieder zum Altvater zurück und eröffnete ihm: »Auch unter den Menschen finde ich keine Ruhe!« Der Alte sagte darauf: »Wenn du allein nicht zur Ruhe kommst und auch unter den anderen nicht, wozu bist du dann ein Mönch geworden? Etwa nicht, um Bedrängnis zu dulden? Sage mir, wie viele Jahre trägst du eigentlich das Mönchsgewand?« Er sagte: »Acht!« Da sagte nun der Greis: »Wirklich, ich zähle siebzig Jahre in diesem Kleid, und keinen Tag habe ich Ruhe gefunden – und du mit deinen acht verlangst Ruhe zu haben?« Als der Bruder das hörte, ging er gestärkt davon.

Apophthegmata 269

Abba Poimen sagte zu Abba Joseph: »Sage mir, wie werde ich Mönch?« Und Abba Joseph antwortete: »Wenn du Ruhe finden willst, jetzt und immer, dann sprich bei jeder Handlung: Ich, wer bin ich?«

Apophthegmata 385

Abba Jakob sprach: »Wie die Lampe in einem dunklen Gemach Licht verbreitet, so ist es auch mit der Gottesfurcht. Wenn sie in das Herz des Menschen kommt, erleuchtet sie ihn und lehrt ihn alle Tugenden und alle Gebote Gottes.«

Apophthegmata 397

Abbas Poimen sagte: »Da ist ein Mensch, der scheint zu schweigen, aber sein Herz verurteilt andere. Ein solcher redet in Wirklichkeit ununterbrochen. Und da ist ein anderer, der redet von der Frühe bis zum Abend, und doch bewahrt er das Schweigen, das heißt, er redet nichts Nutzloses.«

Apophthegmata 601

- S. 119: Fresko im Bischoy-Kloster: Die Apostel Matthäus, Thomas, Markus und die Gottesmutter
- S. 120: Das Eisentor im Bischoy-Kloster mit koptischen Kreuzen: Drei Enden stehen für die Heilige Dreifaltigkeit und zwölf Enden symbolisieren die zwölf Apostel.
- S. 121: Eine Frau betet am Vorhang zum Allerheiligsten.
- S. 123: Eine koptische Familie erbittet im Bischoy-Kloster den Segen Gottes.
- S. 125: Koptisch-orthodoxe Mönche in einer Versammlung im Bischoy-Kloster
- S. 126: Koptische Brüder begegnen sich am Eingang des Bischoy-Klosters, darunter S. E. Bischof Anba Damian aus dem Kloster der Hl. Jungfrau Maria und des Hl. Mauritius in Brenkhausen (links im Bild) mit Pater Selwanis.
- S. 127: Ein Bruder lehnt sich an einem Eisentor im Bischoy-Kloster an.
- S. 129: S. H. Papst Tawadros II., der 118. Patriarch auf dem Stuhl des Hl. Apostel Markus.

ΜΑΤΘΕΟϹ
ΘΩΜΑϹ
ΜΑΡΚΩϹ
ΤΠΑΡΘΕΝΟϹ ΜΑΡΙΑ

Man berichtete vom Altvater Gelasios, dass er oft von dem Gedanken angefochten wurde, sich in die Wüste zurückzuziehen. Eines Tages sagte er zu seinem Schüler: »Tu mir den Gefallen, Bruder, und ertrage, was immer ich auch tue, und sprich die ganze Woche nicht mit mir!« Er nahm einen Palmstab in die Hand und begann in seinem Hof herumzugehen. Wenn er müde wurde, setzte er sich ein wenig, und dann erhob er sich wieder und ging umher. Als es Abend wurde, sagte er zu sich selbst: »Wer in der Wüste herumgeht, hat kein Brot zum Essen, sondern nur Gras. Du aber, in deiner Schwäche, iss ein wenig Kleingemüse.« Er machte es so, und dann sagte er zu sich: »Der in der Wüste schläft nicht unter einem Dach, sondern unter freiem Himmel, mach es also auch!« Er legte sich nieder und schlief im Hof. Das machte er drei Tage. Er ging im Klosterbezirk herum, am Abend aß er ein paar Salatblätter, die Nächte verbrachte er im Freien schlafend, und dann war er erschöpft. Da schalt er den Gedanken, der ihn belästigte und tadelte sich mit den Worten: »Wenn du die Werke der Wüste nicht erfüllen kannst, dann bleibe in Geduld in deinem Kellion sitzen und beweine deine Sünden und treibe dich nicht herum. Denn überall sieht das Auge Gottes die Werke der Menschen, und nichts ist ihm verborgen, und er erkennt diejenigen, die das Gute tun.«

Apophthegmata 181

Ein gewisser Bruder suchte einen Greis auf und fragte ihn: »Willst du, dass ich mir für den Fall einer Krankheit zwei Goldmünzen zurückbehalte?« Der Greis, der seine Gedanken erkannte, dass er nämlich die Münzen behalten wolle, sagte ihm: »Behalte sie!« Als jener Bruder in sein Kellion zurückgekehrt war, sprach er im Widerstreit der Gedanken zu sich selbst: »Was meinst du? Hat dich nun der Vater gesegnet oder nicht?« Er machte sich also auf, kam wieder zu jenem Greis und fragte ihn: »Gottes wegen, sage mir die Wahrheit, denn meine Gedanken bekämpfen sich sehr wegen dieser zwei Goldmünzen.« Der Altvater antwortete ihm: »Da ich deine Gedanken durchschaute, dass du nämlich diese zwei Goldmünzen behalten willst, sagte ich dir, du solltest sie behalten. Es ist aber nicht gut, mehr zu besitzen, als für die Bedürfnisse des Leibes notwendig ist. Diese beiden Goldmünzen nun sind deine Hoffnung; wenn es sich nun trifft, dass sie verlorengehen, meinst du, Gott würde dann nicht mehr für uns sorgen? Wirf daher deine sorgenden Gedanken auf Gott, denn er selbst wird für uns sorgen.«

Apophthegmata 949

دير القديس الأنبا بيشوى
ST. BISHOY MONASTERY

Ein andermal sagte Abbas Arsenios zu Abbas Alexandros: »Schneide zuerst noch deine Palmblätter, dann komm und iss mit mir. Wenn aber Fremde kommen, iss mit denen.« Abbas Alexandros aber arbeitete sauber und genau. Und als die Stunde des Essens kam, hatte er immer noch Blätter. Er wollte aber das Wort des Alten einhalten und blieb, bis er mit den Blättern fertig war. Wie nun Abbas Arsenios sah, dass er ausblieb, aß er, weil er glaubte, jener hätte Fremde bei sich. Als Abbas Alexandros am Abend fertig war, ging er hin. Und es sprach zu ihm der Alte: »Du hattest Fremde bei dir?« Der sagte: »Nein.« Und Arsenios sagte zu ihm: »Warum bist du dann nicht gekommen?« Und der sprach: »Weil du mir gesagt hast: ›Wenn du deine Blätter geschnitten hast, komme.‹ Ich habe dein Wort gehalten und bin nicht gekommen, bis ich fertig war.« Und der Alte wunderte sich über dessen Genauigkeit und sprach zu ihm: »Brich nun schnell dein Fasten, damit du dann deinen Gottesdienst verrichten kannst. Nimm auch Wasser zu dir, denn sonst hat dein Leib bald keine Kraft mehr.«

Apophthegmata 62

Das Syrische Kloster

Das sogenannte Syrische Kloster wurde im 4. Jahrhundert ebenfalls vom Hl. Bischoy gegründet. Es liegt nur etwa 500 Meter vom Bischoy-Kloster entfernt. Als es im 8. Jahrhundert leerstand, kaufte es ein wohlhabender syrischer Kaufmann für Wandermönche aus Syrien – daher rührt der Name des Klosters.

Auch das Syrische Kloster ist in seinem innenbereich mit wertvollen alten Fresken bemalt, die so gut wie möglich restauriert wurden. Eine Besonderheit unter den Fresken ist die Abbildung der stillenden Gottesmutter.

▶ S. 132/133: Der Eingang in die alte Kirche des Syrischen Klosters.

▶ S. 134: Die Zelle des Hl. Bischoy: Hier band er sein Haar an die Decke, um beim Beten nicht einzuschlafen.

▶ S. 135: Ein Teil der Fresken im Innenbereich des Syrischen Klosters.

◀ Das Fresko der stillenden Gottesmutter.

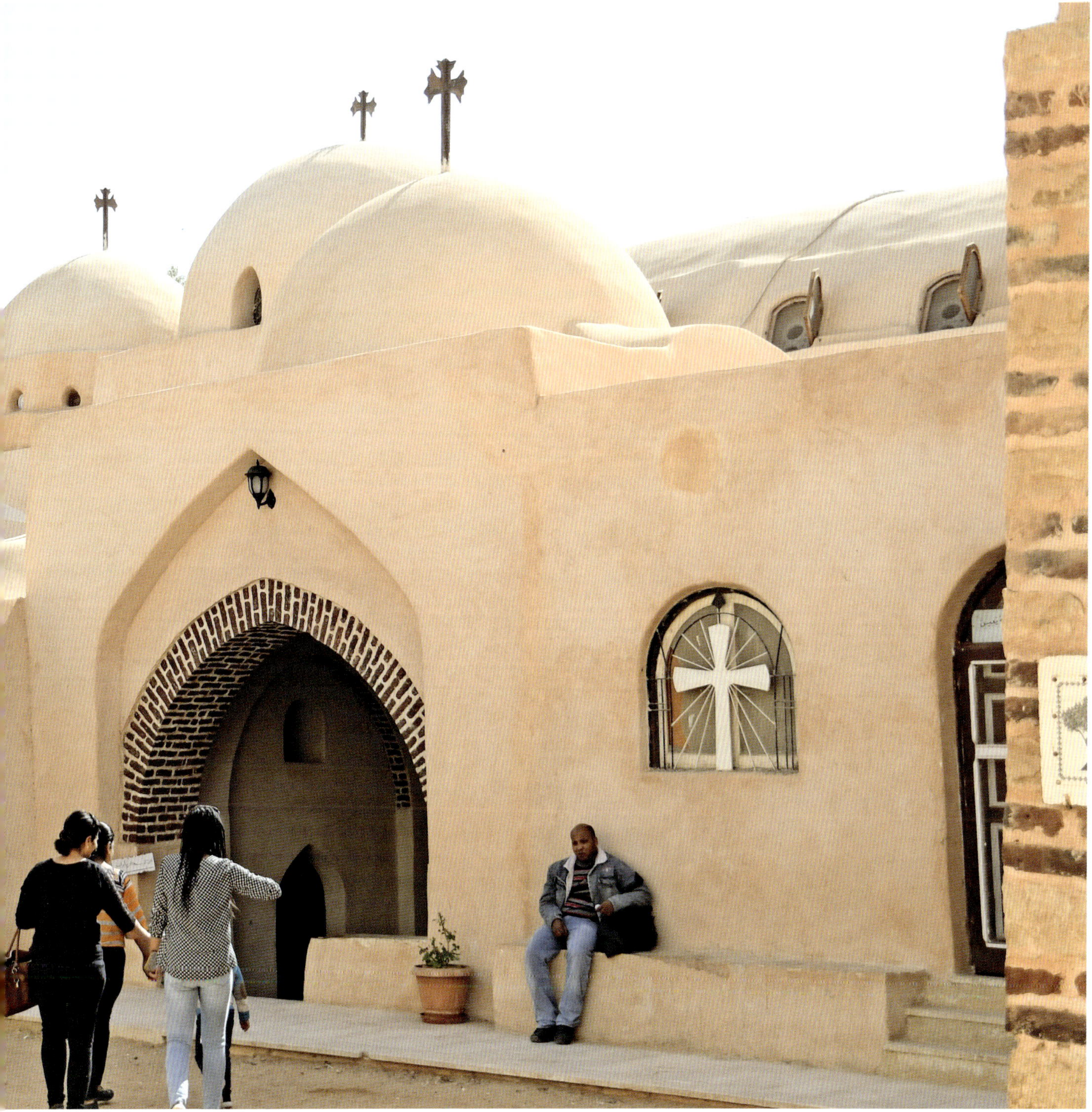

ⲒⲎⲤ ⲠⲬⲤ
ⲁⲃⲃⲁ ⲡⲓϣⲱⲓ
القديس العظيم الانبا بشوى

ⲀⲠⲀ ⲘⲎⲚⲀ
Dalia Sobhi 2010

Der Hl. Minas und das Minas-Kloster

Das moderne Deir Abu Mena-Kloster des Heiligen Minas befindet sich in der Mareotis-Wüste, neben der spätantiken Menas-Stadt, ca. 70 km südwestlich von Alexandria. Das St. Minas-Kloster wurde unter S.H. Papst Kyrillos VI. wiederbelebt und ab 1959 genau dort wieder errichtet, wo man das Grab des Heiligen Minas vermutet, der im frühen 4. Jahrhundert als Märtyrer starb. Die Kathedrale des Hl. Minas bewahrt dessen Reliquien.

Das Minas-Kloster wird auch »Lourdes des Ostens« bzw. »Lourdes der Antike« genannt, da es seit dem Altertum zu den bedeutendsten christlichen Wallfahrtsstätten Ägyptens gehört. Es beherbergt eines der ältesten Heiligtümer der koptisch-orthodoxen Christen. Seit 1969 graben deutsche Archäologen in der ehemaligen koptischen Pilgerstätte Abu Mena, die seit 1979 zum UNESCO-Weltkulturerbe gehört und seit 2001 als gefährdet gilt.

◀ Der Hl. Minas im neokoptischen Ikonenstil in der Kapelle des Koptischen Klosters in Höxter-Brenkhausen. Minas ist in der Mitte zweier Kamele dargestellt, als Ort seines Grabes. Im Hintergrund sind das Minas-Kloster, und der See von Maroetis abgebildet.

Der Hl. Minas wurde in Phrygien geboren. Seine Eltern waren wohlhabend und fromm. Sie erzogen ihn christlich. Sein Vater Eudoxius war Gouverneur des Römischen Reiches. Ein Jahr nach dem Minas seine Eltern verlor, entschied er sich mit 15 Jahren für eine militärische Laufbahn. Als der römische Kaiser Diokletian im Jahr 303 ein Edikt zur Verfolgung der Christen erließ, floh Minas in die ägyptische Wüste. Nachdem er jahrelang ein zurückgezogenes Leben in Askese führte, bekannte er sich zu seinem christlichen Glauben. Trotz öffentlicher Demütigung und grausamer Folterungen schwur er dem Christentum nicht ab. Minas blieb standhaft und wurde als Märtyrer hingerichtet.

Athanasius leitete die Überführung der sterblichen Überreste des Hl. Minas nach Alexandria. Doch alle Kamele, die zum weiteren Transport der Reliquien des Hl. Minas durch den Mareotis-See beladen wurden, blieben stehen. Keines wollte weitergehen. Athanasius deutete dies als Zeichen und errichtete dort die Grabstätte des Hl. Minas, in Abu Mena, »wo die Kamele stehen«.

- S. 139: Deckengemälde in der Kirche des Minas-Klosters
- S. 141: S. E. Bischof Anba Damian verehrt die Reliquien des Heiligen Minas im Minas-Kloster.
- S. 142: Die ehemalige frühchristliche Pilgerstätte Abu Mena wird von deutschen Archäologen ausgebgraben. Sie wurde 1979 zum UNESCO-Weltkulturerbe erklärt.
- S. 143: Mönchserzpriester Teddaeus Ava Mina mit S. E. Bischof Anba Damian auf der Ausgrabungsstätte des St. Minas-Klosters
- S. 144/145: Das heutige moderne Minas-Kloster in der Mareotis-Wüste

Abbas Johannes Kolobos sprach: »Ich wünschte, dass der Mensch ein wenig an allen Tugenden teilhabe. Darum mach jeden Tag, wenn du morgens aufstehst, zu jeder Tugend und zu einem jeden Gebot des Herrn in größter Geduld einen Anfang, mit Furcht und Hochherzigkeit, in der Liebe Gottes, mit aller Willigkeit des Leibes und der Seele und in tiefer Demut, im Ertragen der Bedrängnis des Herzens und in der Wachsamkeit, in vielem Gebet und Fürbitten, mit Seufzen, Fehlerlosigkeit der Zunge und Bewachung der Augen, Missachtung ertragend und doch nicht erzürnend, friedliebend und nicht Böses mit Bösem vergeltend, nicht achtend auf die Fehler der anderen, sich nicht messend überschätzen, sondern unter alle Geschöpfe sich stellend, unter aller Kreatur seiend, durch Verzicht auf das Materielle und dessen, was zum Fleische gehört, im Kreuztragen, im Kampf, in Armut des Geistes, in geistlichem Vorsatz und Askese, durch Fasten, Bußgesinnung und Weinen, in kriegerischem Kampf, in der rechten Unterscheidung, in Reinheit der Seele, in der Übernahme des Guten, in Herzensruhe bei der Arbeit, in Nachtwachen, in Hunger und Durst, in Kälte und Blöße, in Anstrengungen , dich in dem Grab verschließend, als wärest du schon gestorben, daran denkend, dass der Tod zu jeder Stunde nahe ist.«

Apophthegmata 349

Das Kloster der Hl. Jungfrau Maria

Das Kloster der Hl. Jungfrau Maria ist als »Deir el-Muharraq«-Kloster und auch als »verbranntes Kloster« bekannt. Es liegt etwa 60 km nördlich von Assiut, genau in der geographischen Mitte Ägyptens, aber nicht inmitten der Wüste.

Die Klostergeschichte ist mit der Flucht der Hl. Familie untrennbar verbunden. Hier soll sie sich über sechs Monate lang aufgehalten haben – ihr mit Abstand längster Aufenthalt von den insgesamt dreieinhalb Jahren in Ägypten. An einer Stelle, an der kein Gras wuchs (daher auch der Name »verbranntes Kloster«), soll Josef ein Haus aus Nilschlammziegeln und Palmenzweigen gebaut haben.

◄ Das Kloster der Hl. Jungfrau Maria mit leuchtendem koptischem Kreuz bei Nacht

Die Kirche des Klosters beinhaltet einen Altarstein, auf den der Prophet Jesaja schon hinwies: *»Zu der Zeit wird für den Herrn ein Altar mitten in Ägyptenland sein und ein Steinmal für den Herrn an seiner Grenze; das wird ein Zeichen und Zeugnis sein für den Herrn Zebaoth in Ägyptenland. Wenn sie zum Herrn schreien vor den Bedrängern, so wird er ihnen einen Retter senden; der wird ihre Sache führen und sie erretten. Und der Herr wird den Ägyptern bekannt werden, und die Ägypter werden den Herrn erkennen«* (Jesaja 19,19–21).

Die Kirche wurde im 1. Jahrhundert errichtet und gilt als die älteste Kirche Ägyptens. Das Kloster selbst – heute eines der berühmtesten und wohlhabendsten koptischen Klöster in Ägypten – wurde vermutlich vom Hl. Pachomius oder einer seiner direkten Nachfolger im 4. Jahrhundert gegründet.

Die Mönche des Muharraq-Klosters sind seit der Antike für ihre Frömmigkeit und Wissenschaft weltbekannt. Es heißt auch: Eine Reise nach Deir el-Muharraq habe den gleichen spirituellen Wert wie eine Pilgerreise nach Jerusalem.

- S. 149: Holz-Ikone der Hl. Familie im Kloster der Hl. Jungfrau Maria
- S. 150: Amtseinführung von S. E. Bischof Anba Bigoul im Kloster der Hl. Jungfrau Maria.
- S. 151: Die festlich geschmückte Kirche der Hl. Jungfrau Maria des Muharraq- Klosters.

ⲬⲈⲢⲈ ⲚⲈ ⲘⲀⲢⲒⲀ ϮⲘⲀⲤⲚⲞⲨϮ

Kapitel 3

Weitere Klöster und Zentren in Ägypten

Das Nonnen-Kloster St. George Convent

Der genaue Ursprung dieses Klosters in Alt-Kairo ist nicht bekannt. Es wird jedoch angenommen, dass seine Grundmauern auf das 7. Jahrhundert zurückdatiert werden können. Über der Kapelle des Hl. Georg leben heute etwa vierzig Nonnen.

Der Hl. Georg war ein Soldat unter dem römischen Kaiser Diokletian (um 300 n. Chr.). Er wird in der orthodoxen Christenheit als Märtyrer verehrt, weil er in einem Prozess unter dem persischen König Dadianos seinem christlichen Glauben nicht abschwor und deshalb gefoltert und getötet wurde.

Im Kloster befindet sich ein Schrein, in dem die Kette, mit der er während der Folterungen gefesselt wurde, als Reliquie seines Martyriums aufbewahrt und verehrt wird.

◀ Der Eingang zum St. George Convent in Alt-Kairo

▶ S. 154: Nonnen des St. George Convents.

▶ S. 156/157: Koptisch-Orthodoxe Christen bei der Verehrung des Heiligen Georg.

Als ein Altvater in der Sketis erkrankte, bedienten ihn Brüder. Und wie der Greis sah, wie sehr sie sich um ihn mühten, sprach er: »Ich gehe in den Süden von Ägypten, um diese Brüder zu entlasten.« Da sagte Abbas Moses zu ihm: »Gehe nicht, sonst fällst du in Unzucht!« Jener aber sagte betrübt: »Mein Körper ist tot, und du sagst mir das?« Er erhob sich also und ging in das südliche Ägypten. Als die herum wohnenden Leute das vernahmen, brachten sie ihm viel. Unter anderem kam auch eine gläubige Jungfrau, um dem kranken Altvater ihre Dienste anzubieten. Aber nach einiger Zeit, als es ihm schon etwas besser ging, ging er zu ihr ein und sie empfing von ihm. Als sie von den Bewohnern des Ortes gefragt wurde, von wem sie empfangen habe, antwortete sie: »Von diesem Altvater!« Jene wollten ihr nicht glauben. Der Greis jedoch sagte: »Ich habe das getan. Aber ich bitte euch, bewahret mir das Kind, das sie gebiert.« Als diese einen Knaben geboren und ihn entwöhnt hatte, nahm der Alte das Kind auf seine Schultern, und an einem Festtag in der Sketis ging er hin und betrat vor der ganzen Menge der Brüder die Kirche, so dass alle, die ihn sahen, weinten. Er aber sagte: »Seht ihr dieses Kind? Es ist der Sohn meines Ungehorsams. Hütet euch also, Brüder, denn ich habe das in meinem Greisenalter getan, und betet für mich«. Und er ging in sein Kellion und kehrte zum früheren Lebenswandel von neuem zurück.

Apophthegmata 1220

TUM QUA

Das Kulturzentrum in Anaphora

Wer die Klöster bereisen möchte, sollte unbedingt in Anaphora Station machen. Es ist ein modernes Kloster und eine spirituelle und internationale Begegnungsstätte der Koptisch-Orthodoxen Kirche am Rande der Wüste im Wadi el-Natrun – und ein idealer Ausgangspunkt für die Besichtigung anderer Koptischer Klöster, zum Beispiel des Makarius-Klosters, des Syrischen Klosters, des Bischoy-Klosters und des Minas-Klosters in Alexandria. Anaphora ist etwa 75 Kilometer nordwestlich von Kairo entfernt und bequem zu erreichen.

S. E. Bischof Thomas, der Diözesanbischof von Quossia in Oberägypten, hat Anaphora 1998 als koptisches Kulturzentrum gegründet und aufgebaut. Dieser wunderbare Rückzugsort ist offen für alle Menschen, die Ruhe, Frieden und Gottesnähe suchen, unabhängig von ihrem Glauben und ihrer Herkunft.

Wenn man als Gast Anaphora besucht, sieht man die unglaubliche Weite und Herrlichkeit dieses etwa 120 Hektar großen Geländes, das biodynamisch von koptischen Schwestern und freiwilligen Helfern bewirtschaftet wird. Die Gemeinschaft versorgt sich weitgehend selbst. Ansonsten finanziert sich das Kloster und Kulturzentrum durch Spenden.

Das Kulturzentrum von Anaphora lädt mit großer Gastfreundschaft Gäste aus allen Ländern zum Verweilen ein. Neben einer Ausbildungsstätte für unverheiratete Frauen wird auch ökologische Landwirtschaft zur Selbstversorgung betrieben.

In Anaphora werden koptische Mädchen und junge Frauen aus armen, oberägyptischen Familien in handwerklichen Berufen ausgebildet. Die erzeugten Produkte werden in einem Laden gegen eine Spende angeboten.

»Anaphora wurde von der Spiritualität des monastischen Lebens inspiriert. Es wurde entwickelt, um eine Umgebung des Friedens, der Gelassenheit, der Einfachheit und vor allem der Liebe zu schaffen.«
S. E. Bischof Thomas

◀ S. E. Bischof Thomas heißt seine Gäste in Anaphora herzlich willkommen.

- S. 161: Der Eingang zum weiträumigen Gelände von Anaphora
- S. 162/163: Das Kulturzentrum von Anaphora
- S. 165: Schwester Febi erfreut sich im Garten an den blühenden Kräutern und Gewürzen.
- S. 166: Schwester Theodora gönnt sich eine Auszeit im Kulturzentrum von Anaphora.
- S. 167: Eine Schwester stellt Kerzen her.
- S. 168: Eine Schwester bei der Karkadeh-Ernte. Hibiskus-Tee ist Ägyptens Nationalgetränk.
- S. 169: Schwester Ruth unter eine Dattelpalme
- S. 170: Beim Brotbacken
- S. 171: Helfer von Anaphora

Der Bruder fragte Abbas Moses: »Da ist ein Mensch, der seinen Diener schlägt wegen einer bösen Tat, die er vollbracht hat. Was soll der Diener sagen?« Der Greis erwiderte: »Wenn er ein guter Diener ist, wird er sagen: ›Erbarme dich meiner, ich habe gefehlt.‹« Der Bruder fragte: »Wird er nichts anderes sagen?« Antwort: »Nein! Sobald er nämlich den Tadel auf sich nimmt und sagt: ›Ich habe gefehlt‹, wird sein Herr auf der Stelle Erbarmen mit ihm haben. Die Hauptsache von allem ist: Den Nächsten nicht richten! Als nämlich die Hand des Herrn jede Erstgeburt in Ägypten getötet hatte, war nicht ein Haus ohne einen Toten«. Der Bruder fragte: »Was ist der Sinn dieser Rede?« Der Greis sagte: »Wenn wir unsere eigenen Sünden erkennen würden, dann würden wir nimmermehr die des Nächsten sehen. Denn töricht ist es, wenn ein Mensch, der selber einen Leichnam hat, ihn liegen lässt und fortgeht, den des Nächsten zu beweinen. Das ›Absterben dem Nächsten‹ aber bedeutet: Dass du deine Sünden trägst und die jedes anderen Menschen unbeachtet lässt, weil der eine gut ist und der andere schlecht. Tue keinem Menschen Böses und denke über niemand Schlechtes in deinem Herzen, verachte keinen, der Böses tut, sei aber auch nicht einverstanden mit dem, der dem Nächsten Böses tut, und freue dich nicht mit einem, der seinem Nächsten Böses tut. Verleumde niemand, sondern sage: ›Gott kennt jeden, darum sei nicht einverstanden mit dem Ehrabschneider und freue dich nicht über seine Verleumdung, hasse aber auch den Verleumder nicht.‹ Das heißt: Nicht richten! Habe keine Feindschaft mit einem Menschen, und lass die Feindschaft nicht über dein Herz Herr werden, hasse aber auch nicht den, der mit seinem Nächsten in Feindschaft lebt.«

Apophthegmata 512

- S. 174: Ein großzügiger Swimmingpool, der in seiner Gestaltung an eine Oase erinnert, lädt mitten in der ägyptischen Wüste die Gäste des Kulturzentrums zu einer Erfrischung ein. Außerdem wird das Grundwasser für die Bewässerung der Felder gesammelt.
- S. 174 und 175: Sämtliche Wohneinheiten sind in traditioneller Lehmbauweise errichtet und jede Einheit wird von einer Kuppel gekrönt.
- S. 176: S. E. Bischof Thomas in seiner Diözese, zur Freude der koptischen Christen
- S. 177: Kleine Kapelle in Anaphora

- S. 179: Die liebevoll gestaltete Kirche in Anaphora lädt auch zu späten Abendstunden zu besinnlichen Momenten ein.
- S. 180/181: Die Kirche von Anaphora ist mit Flickenteppichen ausgelegt und mit Knieschemeln ausgestattet. S. E. Bischof Thomas empfängt die Besucher zum allabendlichen, gemeinsamen, ökumenischen Gebet in verschiedenen Sprachen.
- S. 183: Eine Schwester sucht die Nähe zu Gott.

Man erzählte vom Abbas Makarios, dem Ägypter: Einmal stieg er von der Sketis auf den Berg von Nitria. Als er sich dem Orte näherte, sprach er zu seinem Schüler: »Geh ein wenig voraus!« Beim Vorangehen traf er auf einen Priester der heidnischen Griechen. Der Bruder schrie ihn an mit den Worten: »Weh, Weh, Dämon, wohin läufst du?« Jener drehte sich um, gab ihm Schläge und ließ ihn halbtot liegen. Dann nahm er seinen Stab und lief weiter. Nachdem er ein wenig weitergegangen war, begegnete ihm der Altvater Makarios und sagte zu ihm: »Heil dir! Heil dir! Du Mühseliger!« Darüber wunderte sich der Priester, kam näher zu ihm und fragte: »Was hast du Gutes an mir gesehen, dass du mich angesprochen hast?« Der Greis antwortete: »Weil ich sah, dass du dich umsonst plagst.« Der Priester sagte zu ihm: »Ich wurde von deinem Gruß bewegt. Ich erkannte, dass du Gott angehörst, aber ein anderer, böser Mönch begegnete mir und verhöhnte mich, und ich gab ihm tödliche Schläge.« Da erkannte der Greis, dass es sein Schüler war. Der Priester umfaßte nun seine Füße und sprach: »Ich lasse dich nicht, bis du mich zu einem Mönch machst!« Sie stiegen hinauf, wo der Mönch lag, nahmen ihn auf die Schultern und brachten ihn in die Versammlung auf dem Berge. Als die Brüder den Priester sahen, gerieten sie außer sich. Sie machten ihn zum Mönch, und viele von den Heiden wurden Christen. Darauf tat Altvater Makarios den Ausspruch: »Ein böses Wort macht auch die Guten böse, ein gutes Wort macht auch die Bösen gut.«

Apophthegmata 492

▶ Rechte Seite:

Eine junge, orthodoxe Gläubige aus Eritrea ist tief im Gebet versunken.

Sie betet in der Kapelle des 1993 gegründeten Koptisch-Orthodoxen Klosters der Hl. Jungfrau Maria und des Hl. Mauritius in Höxter-Brenkhausen, Deutschland.

Im Hintergrund ist der Hl. Markus, der Begründer der Koptisch-Orthodoxen Kirche, im koptischen Ikonenstil mit dem Evangelium dargestellt.

Inzwischen ist das Kloster ein beliebtes Reiseziel und eine ökumenische Begegnungsstätte, in der nicht nur Christen eine neue Heimat in Deutschland finden.